Riccardo Allievi

IL RUOLO E LA DEONTOLOGIA

DEL MEDIATORE CIVILE

Sommario

1 - IL MEDIATORE

Per una definizione della figura del mediatore occorre riferirsi al decreto legislativo n. 28 del 4/03/2010, in cui, al comma 3 dell'articolo 8, viene riportato che il mediatore si adopera affinché le parti raggiungano un accordo amichevole di definizione della controversia.

Si legge inoltre, al comma 1 dell'articolo 11, che, quando l'accordo non viene raggiunto, il mediatore può fare una proposta e deve farla se viene concordemente richiesta da entrambe le parti.

Il mediatore, inteso come figura professionale imparziale e indipendente rispetto alle parti, può svolgere il proprio compito facilitando la negoziazione, ossia aiutando le parti a trovare una modalità di comunicazione che possa favorire l'instaurarsi di un accordo.

Dal momento che le parti in conflitto osservano la situazione da punti di vista diversi, opposti e spesso si concentrano sulla controversia in sè, reiterando i dissidi e i contrasti, anzichè concentrarsi di più sulle possibili soluzioni, compito del mediatore è quello di facilitare la comunicazione tra le parti, perché solo da un processo di comunicazione, di confronto costruttivo, è possibile che esse intraprendano un dialogo proficuo ed utile, che possa portare anche ad intravedere possibili soluzioni.

Il mediatore fornisce un aiuto alle parti per ampliare il proprio modo di vedere il problema, e per evitare di fermarsi, di bloccarsi su di un'unica opzione o modo di interpretare la situazione; da sottolineare che la soluzione alla controversia non viene fornita dal mediatore, ma è quest'ultimo che, stimolando un dialogo costruttivo tra le parti, favorisce il raggiungimento dell'accordo.

Il compito del mediatore può anche basarsi su di un metodo valutativo, che consiste nel presentare una proposta per la soluzione della controversia, sempre evitando di esprimere giudizi o opinioni che coinvolgano le parti in modo parziale.

La proposta può essere formulata solo nel caso in cui siano i soggetti in conflitto a richiederlo, quando mediante il metodo facilitativo non si sia riusciti a giungere ad un accordo.

Considerando la sua funzione, a contatto con le persone in conflitto, il mediatore deve essere un esperto comunicatore, in grado di interagire equamente con entrambe le parti.

La comunicazione non si svolge solo ad un livello verbale, perché importante è anche la comunicazione paraverbale e non verbale, ossia rispettivamente il tono di voce, il modo di parlare e di esprimersi, e il rapporto visivo, nonchè la gestualità.

E' fondamentale che il mediatore sappia comunicare, sia verbalmente che non verbalmente, ossia con gesti e sguardi, con entrambe le parti in conflitto; egli deve essere in grado di comprendere il disagio che sottende la controversia e il disaccordo.

Inoltre, deve riuscire a gestire le emozioni ed i momenti di sfogo o di rabbia che si possono presentare, cercando di canalizzare tali sentimenti in discussioni e colloqui, confronti tra le parti che possano risultare costruttivi ai fini dell'identificazione di un accordo.

2 - COMPITI DEL MEDIATORE

La figura del mediatore deve possedere buone conoscenze nell'ambito della comunicazione, della psicologia, della teoria legale, dell'economia e della storia.

Fondamentale per il mediatore è l'essere imparziale, il saper comunicare e il saper ascoltare parimenti entrambe le parti a livello verbale, non verbale e paraverbale.

Egli deve saper controllare e mettere da parte i propri pregiudizi, i propri sentimenti e le proprie convinzioni ed opinioni personali per potersi dedicare in modo costruttivo e positivo alla negoziazione.

Il mediatore deve essere in grado di condurre le parti ad osservare il conflitto da un punto di vista oggettivo, tramite il colloquio e la formulazione di opportune domande.

Ciascuna parte della controversia, infatti, tende a interpretare la situazione in modo personale, imputando la causa e la colpa del conflitto all'altra parte, e identificando un'eventuale soluzione solo in una modificazione dell'atteggiamento o del comportamento altrui.

Compito del mediatore è quello di raccogliere tutte le informazioni possibili, in modo da ricostruire i fatti, fornirne una versione quanto più ricca ed oggettiva, per poter condurre le persone ad una visione comune della situazione, verso un dialogo costruttivo.

Dal momento che fondamentale è la definizione del problema da risolvere, è opportuno che il mediatore agisca facendo opportune e mirate domande alle parti in modo da definire il problema e la situazione in modo chiaro.

Le numerose informazioni ottenute vanno poi debitamente filtrate, selezionate, in modo da eliminare i dati superflui o inutili e inoltre, cosa importante, vanno parimenti accettati e considerati i dettagli e le notizie apportate da entrambi i contendenti, senza mai concentrarsi maggiormente. su uno o più dettagli presentati da una delle parti.

Occorre che il mediatore sia in grado di trovare una versione della situazione che venga condivisa da entrambe le parti.

L'identificazione oggettiva e neutrale della situazione in questione è utile per la definizione dell'obiettivo principale e degli eventuali obiettivi secondari che devono essere raggiunti dalle parti per trovare un accordo comune.

Il mediatore deve quindi essere in grado non solo di definire una strategia, ossia un insieme di condotte, di metodi atti a raggiungere l'obiettivo definito, ma anche di saper sfruttare al meglio e di impiegare in modo ordinato tali procedimenti tramite un'opportuna tattica.

Tutto ciò deve sempre essere esente dal giudizio, dal momento che il mediatore deve essere una figura sempre totalmente imparziale.

La figura del mediatore deve poi essere in grado di focalizzare l'attenzione delle parti sul futuro, futuro da intendersi come possibilità di cambiamento e di risoluzione dell'attuale situazione di conflitto.

I contendenti, spesso in lite da tempo, possono avere la tendenza ad incentrare la propria attenzione sui fatti e dei disaccordi del passato, soffermandosi su di essi.

Tale atteggiamento può risultare una sorta di blocco, di ostacolo, in quanto paralizza i contendenti e impedisce loro di guardare al futuro, quasi che il proprio passato, le precedenti discordie possano influenzare il proprio futuro.

I fatti trascorsi e le esperienze passate possono risultare utili nella mediazione solo nel caso in cui si sia verificato nel passato un conflitto simile, che sia stato risolto e quindi si possa trarre giovamento da tale esperienza positiva.

Il conflitto può risultare complesso non solo per la situazione in cui le parti si trovano, ma anche per la convinzione frequente che la condizione nella quale esse si trovano sia anomala.

Tale percezione può ovviamente peggiorare i rapporti tra le parti, ostacolare l'instaurarsi di una via di comunicazione ed il raggiungimento di un accordo.

Mediare significa anche saper identificare quali siano le informazioni più importanti ai fini della definizione e della risoluzione del conflitto ed essere in grado di tralasciare i dettagli inutili o superflui portati da una o dall'altra delle parti.

I contendenti spesso presentano, nell'esporre la situazione e nella comunicazione con l'altra parte, toni forti ed accesi, sovente si lasciano trasportare dalle emozioni che vengono espresse in modi anche diretti nel linguaggio al livello verbale, non verbale e paraverbale.

In tale condizione gioca un ruolo importante la figura del mediatore che deve essere in grado di riassumere e di rielaborare i dati importanti per la definizione del conflitto, liberandoli da tali cariche emozionali.

Il mediatore deve avere la capacità di comprendere quali siano le emozioni, i sentimenti, spesso di frustrazione, di paura o di rabbia, che animano i contendenti e che sono alla base degli attacchi verbali o dell'incapacità di trovare una via di comunicazione.

Per smorzare la tensione emotiva delle parti in conflitto e per comprendere al meglio la situazione ed i sentimenti che animano le parti, il mediatore non solo deve avere capacità di comprensione, ma deve essere anche in grado di fare domande mirate ed opportune per chiarire la situazione, per poter capire, dalle risposte immediate fornite dalle parti, quali siano le emozioni in gioco.

Nel porre le basi di una comunicazione tra i contendenti, il mediatore deve anche definire quale delle due parti avrà per prima la parola; ciò implica una costante attenzione da parte del mediatore, che deve garantire un'equità tra le parti.

Non deve essere concesso troppo spazio a colui che ha il primo intervento e deve essere concessa altrettanta considerazione a colui cui viene ceduta la parola in un secondo momento.

Il mediatore può valutare i tempi dei diversi interventi, può interrompere una delle due parti per riassumere ciò che è stato esposto, porre l'attenzione su alcune parole chiave, concetti fondamentali, per poi passare la parola all'altro.

Il mediatore deve aiutare, condurre le parti a negoziare, ad identificare ed a raggiungere una soluzione comune; sebbene siano le parti, e non il mediatore, a raggiungere quest'ultima, egli deve prendere parte attiva nel conflitto supportandole nello sviluppo di una strategia costruttiva atta a raggiungere un accordo comune.

Nel momento in cui è stata raggiunta una via di comunicazione tra le parti che risulta poter essere costruttiva, il mediatore ha il compito di intervenire solo se necessario, nel caso vi siano disaccordi o incomprensioni.

Il richiamo, che può essere fatto, a tratti, a determinate definizioni o parole chiave, centrali e fondamentali nel conflitto, risulta essere importante nella gestione della mediazione, in quanto serve per sintetizzare i concetti cardine e focalizzare l'attenzione sul futuro, sulla ricerca di un accordo e di una comunicazione costruttiva ai fini

del raggiungimento di una soluzione.

Il mediatore deve essere in grado di conquistare la fiducia

dei contendenti, mostrando di saperli ascoltare,

mostrando attenzione in modo imparziale ad entrambi,

comunicando verbalmente, non verbalmente e

paraverbalmente in modo equo con entrambe le parti in

conflitto, che in tal modo si sentono considerate e

comprese.

Il fatto che il mediatore si astenga da qualsiasi giudizio,

che cerchi di annullare i propri pregiudizi o le proprie

opinioni e che abbia come obiettivo il raggiungimento di

una comunicazione costruttiva, atta al raggiungimento di

un accordo ed all'identificazione di una soluzione, che

esorti i contendenti a rivolgersi al futuro non

soffermandosi sui torti o sulle esperienze negative

passate, lo porta ad essere una figura imparziale, indipendente, priva di giudizio, in grado di gestire le emozioni, di favorire la comunicazione, di definire i concetti chiave, e, non da ultimo, di conquistare la fiducia delle parti in conflitto.

3 - DEONTOLOGIA DEL MEDIATORE

Il mediatore, quale figura professionale, deve fare riferimento ad un codice deontologico, ossia ad un insieme di regole di carattere etico che egli deve rispettare nello svolgimento del suo incarico.

Proprio per la delicatezza del suo incarico, che lo pone a contatto con persone coinvolte in controversie, il mediatore deve risultare una figura assolutamente neutrale, imparziale, indipendente, non deve risolvere il conflitto, ma condurre le parti alla risoluzione dello stesso e deve inoltre garantire riservatezza.

Nel decreto legislativo n. 28/10 all'art. 16 comma 3 viene infatti indicato che gli organismi pubblici e privati, che si occupino del processo di mediazione, all'interno della domanda di iscrizione nel registro devono presentare il proprio codice deontologico ed il regolamento di procedura.

Per indipendenza del mediatore ci si riferisce alla mancanza di qualsiasi legame, personale o lavorativo, tra il mediatore ed uno dei contendenti.

Il mediatore è una figura imparziale in quanto deve rapportarsi in modo equo con entrambe le parti in conflitto, deve sapere ascoltare e comunicare con entrambe senza appoggiare l'una o l'altra e senza essere influenzato da eventuali suoi pregiudizi o opinioni.

Tale caratteristica è collegata anche a doti di comunicazione, dal momento che il mediatore deve essere in grado di costruire un buon dialogo, verbale, non verbale e paraverbale con entrambi i contendenti, deve saper gestire e contenere le intemperanze e gli sfoghi emotivi che sovente si possono presentare.

Inoltre, egli deve essere in grado, cosa non facile, di tenere da parte le proprie opinioni, i propri giudizi e pregiudizi, e non deve avere alcuna propensione verso una determinata risoluzione della controversia.

Le opinioni, le idee riguardo ad un conflitto o a una determinata situazione si generano naturalmente in ogni individuo, in modo automatico ed istintivo ma la capacità ed anche la difficoltà del ruolo del mediatore sta proprio nel non considerarle, nell'annullarle al fine di prestare ascolto e comunicazione in modo equo ad entrambe le parti, conducendole ad un dialogo costruttivo che sappia condurle ad una soluzione.

Sempre facendo riferimento al decreto 28/10, l'articolo 14 sottolinea l'imparzialità e il rispetto degli obblighi disciplinari; all'imparzialità viene fatto riferimento al comma 2 di tale articolo, in cui si dice che il mediatore deve presentare, per ogni controversia cui è chiamato ad occuparsi, una dichiarazione di imparzialità.

Qualora il mediatore constati la presenza di ragioni, contingenze o situazioni che possano minare tale imparzialità deve tempestivamente darne comunicazione alle parti ed all'organismo.

Il mediatore deve essere neutrale, ossia deve essere esente da qualsiasi interesse collegato alla risoluzione della controversia delle parti.

Il mediatore infatti deve limitarsi a facilitare la comunicazione tra le parti, favorendo in tal modo, da parte dei contendenti, il raggiungimento di un accordo e di una soluzione.

Inoltre, anche al termine della mediazione, il mediatore non può creare dei legami professionali con una delle parti in riferimento alla materia o all'oggetto della controversia, senza il consenso di entrambe.

L'instaurarsi di una relazione lavorativa-professionale tra la figura del mediatore e uno dei contendenti, anche al termine del procedimento di mediazione, potrebbe generare dei dubbi sulla serietà e sul corretto svolgimento di tutta l'opera di mediazione.

Strettamente correlato al principio di neutralità del mediatore è il concetto di autodeterminazione delle parti. Queste ultime, infatti, con l'aiuto del mediatore devono essere in grado di trovare una via di comunicazione che sia costruttiva e che le conduca all'identificazione di una soluzione alla controversia: non sta al mediatore condurre i contendenti verso una determinata soluzione, atteggiamento quest'ultimo che potrebbe celare eventuali interessi del mediatore stesso.

Inoltre, i contendenti sono liberi di abbandonare la mediazione in qualsiasi momento lo reputino opportuno, per scegliere altri strumenti a loro avviso maggiormente utili per la risoluzione della controversia.

Il mediatore, in qualità di professionista, deve garantire il segreto professionale, che si riferisce sia alle affermazioni, ai dati forniti da entrambe le parti durante la mediazione, sia alle dichiarazioni fornite da uno dei contendenti in via confidenziale in occasione degli incontri con una o l'altra delle parti, dichiarazioni che possono essere comunicate all'altro contendente solo previo consenso della parte che le ha svelate.

Nel caso in cui, però, il mediatore, nello svolgere il suo compito, si trovi ad avere notizia di un reato o un danno a terzi che sia punibile penalmente e per il quale si debba procedere d'ufficio, deve ovviamente in modo immediato darne comunicazione all'autorità competente.

Il mediatore, come riportato dalle norme di comportamento accolte dall'Unione Internazionale degli Avvocati (aprile 2002) deve avere un'opportuna formazione, che deve costantemente mantenere aggiornata; egli deve garantire imparzialità nello svolgere la sua funzione, tenendo ben presente che, nel caso in cui essa non possa essere garantita nelle condizioni e nei rapporti in cui il mediatore si trova a dover agire, deve tempestivamente rifiutare interrompere l'incarico.

Deve altresì essere garantito il segreto professionale, ad esclusione dei casi in cui il mediatore venga a conoscenza di fatti che costituiscano reato e che siano legalmente perseguibili; il mediatore deve essere indipendente, quindi non deve avere alcun legame con i contendenti.

Inoltre, egli deve essere certo che, prima dell'inizio della mediazione, le parti abbiano ben chiaro ed abbiano accettato lo scopo e le caratteristiche del procedimento di mediazione ed il ruolo del mediatore.

4 – I REQUISITI PER ESSERE MEDIATORE

Come qualsiasi altra figura professionale, è necessario che il mediatore sia competente ed idoneo allo svolgimento della sua funzione.

Allo scopo di definire tale idoneità, le qualità, le caratteristiche o le qualifiche che debbano essere richieste per il titolo di mediatore, non sono sempre state costanti nel tempo.

La figura del mediatore, infatti, è stata definita nel tempo da diversi decreti; in particolare il Decreto Ministeriale n.222 del 2004 indicava che potevano svolgere la funzione di mediatore le seguenti figure: magistrati in quiescenza, professori universitari di ruolo in materie giuridiche o economiche anche in quiescenza, professionisti iscritti in albi professionali in materie giuridiche o economiche da oltre 15 anni anche se in seguito cancellati non per motivi disciplinari, laureati in materie giuridiche o economiche o iscritti in albi professionali in materie giuridiche o economiche con anzianità inferiore ai 15 anni purchè avessero seguito un corso specifico di formazione per mediatori con successo, condotto in conformità con quanto riportato nell'articolo 10 comma 5 del Decreto del Ministero della Giustizia n. 222/2004.

Fino alla pubblicazione del Decreto Ministeriale 180/10, che ha regolamentato la formazione dei mediatori, chi voleva far parte di un organismo di mediazione, ma non rientrava in una delle categorie sopra menzionate e risultava solo essere in possesso di una laurea in materie giuridiche o economiche era tenuto a frequentare un corso di formazione di 40 ore, tenuto da docenti iscritti presso il Registro del Ministero della Giustizia ed autorizzati da enti formatori, ed avere passato una prova di 4 ore.

Infine, il Decreto Ministeriale 180/10 ha definito in modo preciso le caratteristiche e gli standard di formazione del mediatore.

Attualmente, il mediatore deve possedere i seguenti requisiti: essere in possesso di una laurea, non necessariamente dell'ambito giuridico-economico, deve avere seguito un corso di preparazione di 50 ore e deve avere maturato una certa esperienza pratica di mediazione.

Si rammenta l'importanza della formazione della figura del mediatore, in quanto il fatto di avere una certa conoscenza in materia giuridico-economica, derivata dai propri studi o dall'esperienza lavorativa o professionale, di per sé non è sufficiente: il mediatore deve avere buone capacità di comunicazione, possedere nozioni di psicologia sociale, deve essere in grado di cogliere i diversi aspetti del conflitto, basandosi parimenti sulle dichiarazioni fornite da entrambe le parti, mantenendosi al contempo neutrale e imparziale, astenendosi da qualsiasi tipo di giudizio ed evitando di essere influenzato da eventuali idee o opinioni personali.

L'autore

Riccardo Allievi (1980) è un dottore commercialista, revisore legale e mediatore civile. Titolare dello Studio Allievi (www.studioallievi.com) che opera nel campo della consulenza amministrativa e fiscale per le piccole e medie imprese. Laureato con il massimo dei voti in Economia e Legislazione delle imprese presso l'Università Commerciale Luigi Bocconi, ha conseguito un Master in Finanza Aziendale. E' autore di numerosi contributi scientifici in materia di mediazione.